林青賢經典幸福語錄

滕俊題

幸福，从接纳开始

林青贤经典幸福语录（一）

南方日报出版社
NANFANG DAILY PRESS
中国·广州

图书在版编目（CIP）数据

幸福，从接纳开始：林青贤经典幸福语录（一）/ 林青贤著 .
—广州：南方日报出版社，2016. 4（2025.9 重印）
ISBN 978-7-5491-1367-5

Ⅰ. ①幸… Ⅱ. ①林… Ⅲ. ①家庭教育 Ⅳ. ① G78

中国版本图书馆 CIP 数据核字 (2016) 第 025636 号

XINGFU CONG JIENA KAISHI

幸福，从接纳开始

林青贤经典幸福语录（一）

林青贤 著

出 版 人： 周山丹
策 划 人： 柏沐芸
责任编辑： 方 明
责任技编： 王 兰
责任校对： 阮昌汉
出版发行： 南方日报出版社
地　　址： 广州市广州大道中 289 号
经　　销： 全国新华书店
印　　刷： 湖南品悟纸品包装科技有限公司
开　　本： 710 mm × 960 mm 1/16
印　　张： 13
字　　数： 120 千字
版　　次： 2016 年 4 月第 1 版
印　　次： 2025 年 9 月第 28 次印刷
定　　价： 45.00 元

投稿热线：（020）83000503　读者热线：（020）83000502

序 / 活出我自己

我一直有个愿望，就是实现人生的梦想。

我的梦想就是成为自己想成为的那个人。我希望生活尽可能没有焦虑，少点受伤。每天早上起来什么都没有发生的时候，就是喜悦的。每天精力充沛，有源源不断的灵感，很欣赏自己，很有力量，对生活充满向往与追求。我的内心是平和的，生活中没有什么事情是让自己特别愤怒或者是特别难过的，每天都活在充满生命力的状态里。

当然，我知道这是不容易的，所以我把人生当成修行的过程。把每一件事情的发生都当成是自己成长的礼物，把生命中出现的每个人当成是提升自己爱的等级与重量的重要的人。我试图从每件事情当中去寻找智慧来提升自己，我喜欢这样做。每次找到一些智慧我都好像捡到了一颗颗珍珠，然后把它珍藏在我的心里，时间久了我就珍藏了很多珍珠。有时候我把听到的对自己有触动的话记录下来，又有时候我把突如其来的灵感记录下来，不知不觉中哪些话是从我灵感而来的、哪些话是我听来的，我都忘记了，但是它们已经成为我生活中的重要部分，我感觉我生活得越来越开心，有时候还分享出去，看到别人因此也变得幸福了，我就很快乐。

这本书的内容仅代表我本人对生活的部分感悟，很难说是幸福的标准。你保留自己对幸福的标准是完全可以的。当然，如果你读完这本书后有新的感悟也仅代表你对生活的新感悟，同样，我邀请你把它记录下来，然后开始遵照自己的心活出你自己。

读这本书的时候，不一定要从头到尾按顺序读，你可以每天随意翻翻，翻到哪里就从哪里开始，也并不建议一口气把它读完，慢慢来，随意就好了。因为我期待这本书能给你带来生活的点滴灵感。灵感是随着潜意识而来的，也是生命力的信号。当你能跟你的心开始对话了，你便已经在成长了。祝福你!

林青贤

2016年春节期间

目 录

1 幸福，从接纳开始

幸福，从接纳开始

我爱你，“爱”在“我”与“你”之间。

我和你的关系就是从这个“爱”字开始的，可是有时候受伤也可能是从这个字开始的。爱有时候是温暖的、滋养的、陶醉的，很美，让彼此越来越亲密，但有时候也是生气的、悲伤的、控制的、有压力的、不和谐的。

世人不太容易正确地理解和把握爱。你可以说爱来自太阳，当然也可以说来自上帝、佛或高于人之上的其他造物者。爱有时候很难让我们看清楚事物的真相，所以本书的开篇我们会用“接纳”来尝试展开。

接纳是什么？认清他本来的样子，能够分离与独立，更客观地看待对方与自己，统整地看待。

接纳是有力量的、信任的，把主导的力量交还给对方而不控制，内心是平和的、平静的，并能调整期待的。

你不会对着一条鱼说：“你怎么不爬上岸来呢？你不怕淹死吗？”

你也不会对着一只小鸟说：“你天天飞那么高，你不怕摔死吗？”

我们不会这么说，因为我们知道鱼就是鱼，小鸟就是小鸟，一看就知道怎么区分。

可是，当一个人站在我们面前的时候，我们不一定能区分清楚他是谁，甚至你问他“你是谁”，他也不一定能回答得上来，也许他也正在问自己这个问题呢。不过，有时候不管他是否知道“他是谁”，很多时候我们已经认为“他是谁”。定义了，角色就定了，角色的身份、价值、责任和义务就全定好了，伴随而来的就只有角色里“应该”的身份、价值、责任和义务，于是抱怨、评判有可能全都跑出来，然后开始接管你的生活。

关键是不管你对他有多么爱、多么期待，甚至多么生气都不会影响他成为他认为的最真实的他，唯一的可能是你会受伤。

如果我对着种下的那盆花有了期待，期待它早点开花，那么我会在意它长得好不好，甚至有时候我的开心与不开心也会跟它有关。也许我会失望，也许我会欣赏，也许我会着急。但花依然是花，你依然是你，花可以牵动你的心情，你却牵动不了花的心情。也许这样不公平，可惜爱从来都不讲公平，连这个“不公平”都要我们学会接纳。真是“不公平”！

在关系中，有时候我觉得我挺了解你的，而且清楚地知道你哪些地方需要改正，如何才能变得更好，于是，我会提醒你，可最让我失望的地方就是有时候你听不到我“爱”的提醒，因此我还常常生气。

有一天，我忙了一整天，晚上回到家，我一进家门，小宝贝养的宠物狗就“汪汪汪”地在我面前不断地叫，我有点心烦。正想发火，小宝贝带着怜悯的神情走过来抱起小狗说：“爸爸，小旺一整天没吃东西了，你能做点吃的给它吗？它好可怜啊！”突然，我的态度变了。我好像明白了一些我常常看不清的东西。

了解对方的动机，了解对方行为背后的爱，了解对方是在有限的资源范畴内为自己做了最好的选择。

当我们愿意真正去了解真实的时候，也许我们就学会了接纳，这时幸福也就不知不觉开始了。

心语：

我要学会接纳自己的不完美，

同时别人怎么看待我不代表那就是我，

我相信我会越来越好的。

我也要学会接纳别人的不完美，

不管别人发生什么，我都相信：

别人一定有他正面的动机，

别人背后一定是为了爱，

别人一定是在他有限的资源范畴内为自己做了最好的选择。

2 世界上没有不好的人，只有不被爱的人

Sale
50,00$
5.00
5.00
3.00
3.50
push

世界上没有不好的人，只有不被爱的人

我喜欢在阳台上坐着，有阳光、蓝天、绿叶，还有花。阳台上的花都是我的父亲种下的，我也时常照看它们，觉得它们长得生机勃勃。每次看着它们的时候，我就好像有了一份莫名的愉悦心情，我觉得它们似乎是懂我的，知道我需要什么，并常常对着我微笑。

我感觉被爱包围着。

我喜欢在阳台上坐着，是的，因为喜欢，所以我自然就坐在这里。你可以说是我主动坐在这里，没有什么推动力。很多时候我们都不知道是什么样的力量推动我们去做一些事情，如果让我来猜的话，那么我猜一定与“爱”有关。不用着急，当你读完这本书的时候，你对“爱”自然就有了更深的理解。

有一天，阳台上的很多植物叶子变黄了，东倒西歪，没精打采。我觉得它们没有以前那么可爱了，而我的心情好像也变了，感觉它们有点儿可怜，就给它们浇了一点儿水。可是晚上回来，我发现它们还是没精神，我很失望，却又觉得它们很悲哀，没有一个懂它们的人。那一次，我特别期待出去远足的父亲能早点回来，否则他的花就要被我这个不懂花的人给照顾死了。

十天后，我父亲终于回来了，花儿重新绽开了笑颜，我也漾出了一个笑容。花很容易了解栽花人的心思，当你懂它的时候，它会给你好看；当你不懂它的时候，它会给你难看。宇宙真的很有意思，植物被太阳照着的时候长得特别好，果子也特别甜。而人晒太阳的时候，心情也会变好。

太阳代表爱。长期被雾霾笼罩的人很想看到蓝天白云，而蓝天白云是因为有太阳才出现的。现在海南岛吸引了很多人去过冬，也是因为太阳。人渴望爱，这是本能使然。如果天堂与地狱由你来选择，我相信你会选择天堂。天堂与地狱的唯一差别就是爱。

电视电影里所有的反一号角色都有一个缺爱的故事。

一棵植物长得不好，是因为缺乏能让它健康生长的环境与土壤。

一只温和的小狗突然变得凶恶起来，是因为感受到了外界威胁。

> 如果你看对方越来越不好，通常都是因为对方已经越来越缺乏来自你的爱了。

一个离家出走的孩子如果被爱，他会回家；一个不爱听课的孩子如果被老师读懂和滋养，他会爱上学习；一位处在愤怒状态的伴侣如果被聆听，他会变得平静；一个经常在外面游离的孩子如果有一个温暖的家，他会愿意待在家里。而社会稳定一定是因为国家爱人民。一切都来自爱，提升爱，万事万物皆会好转。

心语：

我要接纳每一个人，

我要学会去爱他们，

因为我相信：

别人抱怨我，只代表他期待我能为他做些什么；

别人攻击我，只代表我给他的爱不够；

别人如果在我面前表现出悲伤，只代表他需要我的力量。

我要学会增加我的爱。

3 如果爱没有增加，事情不会有任何的改变

如果爱没有增加，事情不会有任何的改变

爱是有重量的，爱是有等级的，爱是有长度的，爱是有方向的，爱是有空间的。如果把爱放在天平上来称重的话，当爱的一边增加了，所有你想要的都会倾斜过来，当爱减少了，所有你想要的都会离开。

我们有时候很有意思，对不太熟悉的人十分客气，反倒对着我们最亲密的人语气却不怎么好。不过，有时候的语气不太好，恰恰又是爱得比较深，这都是有可能的。

爱一直在决定着我们的生活。

太太对先生说：“你不知道要早点回来的吗？你懂不懂得如何做一个有担当的男人啊？什么事情都要我一个女的来处理，太过分了。”当太太这么说的时候，结果会发生什么，也许你已经猜到了。

如果太太对先生这样说："老公，我知道你已经很辛苦了，不过这些事情还是需要你来处理才行，老公，有你真好！"当这样说的时候，结果会不会不一样呢？

爱的重量、等级、长度、方向、空间不一样，态度就会不一样，相处的方式、结果也就不一样。

在现实生活中，我们听到很多父母对孩子不离不弃的故事，不管这个孩子多么不听话，父母都深爱着他。可同时我们也听到一些夫妻因为某些小事就绝不互相原谅的故事，这是为什么呢？

活在自爱世界里的人，大部分是基于安全感与价值感做决策，背后是控制和证明。其人生不是控制就是证明。

活在他爱世界里的人，大部分是基于接纳、欣赏与自由做决策，背后是给予和自信。其人生注定是富足的。

不同的爱活出不同的世界。

无条件的爱就如太阳，不管你看不看得到它，它依然爱着你，不管白天、黑夜、晴天、阴天它依然在这里，它不会因为你不爱它而受伤，它永远都是单向的，只向着你。

有条件的爱就如月亮，如果太阳不给它爱，它也没法给你爱，它爱你是因为先有太阳的爱，如果它都没有得到充分的爱，它是不会充分地爱你的。也许许多人正处在这种状态中。

所有的伤害都是因为渴望得到爱。

付出爱背后可能有另外一种心态，如果付出爱一段时间后感觉很受伤，那么付出爱背后的原因可能是索取爱。如果为了得到爱而付出爱，那么爱就是有条件的，结果注定是受伤的。

给予爱，而不是付出爱，才是真正的爱。

很多时候我们认为自己需要爱，甚至认为自己缺爱，到处寻找爱，而并不知道爱一直在自己身上。

如果你不理解的话，那请你回答一个问题："你见到一朵鲜花你会欣赏吗？"如果你回答"会"，那就证明爱一直在你身上，你不需要再到处寻找，只需要用心去感受就好了。

心语：

不管你在这里或是不在这里，我都在这里；

不管你想我或是不想我，我都在这里；

不管你回来或是不回来，我都在这里；

不管你疲惫或是不疲惫，我都在这里；

不管你需要爱或是不需要爱，我都还在这里。

4 花不开，蜜蜂不会来
——价值法则

花不开，蜜蜂不会来
——价值法则

在海面上漂浮着的树木种子一般不会发芽，但一旦漂到海边粘在泥十上，它就有可能会生根发芽。很多人就像海面漂浮的种子，一生漂泊找不到根，所以长不成大树。只有种子定下来的那一刻，它才有可能会生根发芽并成长。

有一颗种子发芽了，那个时候它很渺小，没有人会注意到它，但它并不着急，也不介意，它继续生长。过几天，它长出了两片叶子，那时候它依然很渺小，它却还是不着急。又过几天，它长出了另外两片叶子，它还在生长，依然不紧不慢。它继续生长，不知不觉，它已经长出了花蕾，这个时候蜜蜂不会找它，但它依然不紧不慢。终于有一天，它开花了，蜜蜂来了，蝴蝶也来了。

生活中有一些人，他不会等待自己开花，而是把别人的花摘过来吸引蜜蜂。也许他有可能吸引来蜜蜂，但是摘过来的花没过几天就会凋谢，花腐烂了，蜜蜂走了，吃腐食的昆虫反而来了。而自己长出来的花虽然也会凋谢，但是它会长出果子来，果子里有种子，生生不息。

花开蜜蜂来，花谢蜜蜂走。果子长出来，果鸟飞过来。我们不能说花谢蜜蜂走了，蜜蜂没有感恩的心，也不能说果子长出来了，果鸟很贪心。事实不是这样的，是因为价值法则，你有什么样的价值就会吸引什么样的人。这就是宇宙的设计。

积累价值，耐心等候。看看自己有什么价值，会创造什么价值，那么你就会吸引跟自己价值相关的人和事物出现在你的生命里。你只需要思考你想吸引什么来到自己的生命里，你就创造什么价值。

被领导者期望别人给他价值，渴望别人给他安全感与保证。

领导者会创造价值来吸引追随者，他会给予别人安全感与保证。

心语：

从今往后，我要不断地提升我自己；

从今往后，我要不断地积累我的价值；

从今往后，我不会到处去找花，我要让自己开花；

从今往后，我要有耐心，我知道我的价值到了，价格自然就会到了；

从今往后，我要用我自己来影响环境而不是让环境决定我；

从今往后，我就是价值，我本来就是价值，我一直都是价值。

5 内在拥有，外在成为

内在拥有，外在成为

那天，我带着 NLP 导师班的一名学生在山顶上做心理置换隐喻，我问学生："当你看着前面那丛杂草的时候，你感受到了什么？"

学生回答："我心有点乱，觉得它们有点可怜，这么努力地竞争那么一点点空间，它们相互挤压，它们不快乐。"

我指着另一面的竹子问："你感受到了什么？"

学生回答："它很有向上的动力，挺清雅的，我蛮喜欢它的。"

我说："很好，你走过去摸一下它的竹竿。"

学生说："有点硬。"

我说："你还注意到什么？观察一下！"

学生观察一下说："老师，我知道了，竹子长到一定的高度它就不再长高了。因为它里面是空的。”

我说：“很棒！你观察力很强，竹子从破土而出的那一刻它就快速地长高，但长到一定高度就不再长了，因为底蕴不够，外在的结果是内在的呈现。”

我再指着对面的那片海问学生：“你感受到了什么？”

学生看了一下回答：“老师，我感受到大海很平静，很祥和，很包容，很谦卑，还蕴含着很大的力量。”

“好，你再看看那座山。”我说。

学生又看了一下说：“山很稳重，很有力量，很沉着，不容易被动摇。”

我说：“你看到杂草和竹子的感觉和看到山和海的感觉是不是不一样？最重要的是我想让你觉察现在你的内心发生了什么变化。”

“老师，我感觉现在心情不一样了，好像最近压着我的东西不见了，我没那么焦虑了，我放下了。老师，为什么呢？”学生问道。

我说：“恭喜你，你已经经历了一次疗愈的过程。”

学生欣喜地问：“为什么会这样？”

我最后说了一句话：“内在拥有，外在成为。”

心语：

我知道，外在所有的表现都是我内在的呈现，

我知道，如果我想创造我想要的外在环境，

我只需要改变我的内在环境就可以了。

所以，我要不断地改变我自己，

我要改变我对事物的认知，

我要改变我对事物的态度，

我要让我的内在变得更加丰盛、更加富足。

6 放下不代表软弱，而是爱的等级比较高

放下不代表软弱，而是爱的等级比较高

“放不下”的背后有害怕，当一个人觉得“非什么不可”的时候，人生就会痛苦，看不到有更多的可能性。

夫妻双方互不相让，因为权力斗争，争谁听谁的话，背后是害怕失去，害怕妥协之后反被控制了。所以要告诉对方我是强大的。

我们不愿意讨好，是因为会感觉到内心很难受，背后其实是带着渴望得到爱的心去付出爱的，当然就会受伤了。

我想说：“我们不缺快的能力，可能会缺慢的能力。”

“快”在意的是结果，内在是焦虑和害怕的。“慢”在意的是过程，背后是信心和可能性。感受当然不一样了，因为背后爱的等级不一样。

“我们不缺抓的能力，可能会缺放的能力。”

很多人抓着很多东西，甚至这些东西到今天已经没有任何意义了，但还是不愿意放手。我经常跟学生讲：“所有得来的东西都是需要用另外一样东西来交换的。我们不去放一放，新的东西也不会来。”

我们可能曾经都抱怨过“你对别人都很好，就是对我不好”。

这是因为我们把自己当成了受害者，把自己放在一个缺爱的位置上。甚至认为我在外面能给予别人爱是因为我在家里能得到充分的爱，我们处在一种对爱的错误理解中。我们认为爱需要从外部收获和得到，这样我们才拥有爱。今天，我很想告诉你，你从来就不缺爱，你就是爱，当你能欣赏花草树木和小狗小猫的那一刻，就已经证明了你一直都有爱，你只需要把你原来拥有的爱活出来就好了，就如同你愿意肯定欣赏身边所有的人的状态。

太阳从来不需要别人给予爱。

我们之前讲过，如果爱没有增加，事情不会有任何的改变。太阳的温度会改变空气，提升爱的等级，家里的空气也会改变。祝福你。

心语：

从今天开始，

我要学会放下，

我不再害怕失去，

我知道，我要勇于去面对一切的关系，

我知道，我只有放下才能看到真相，

我知道，我只有放下才能做到接纳，

我知道，我只有放下才能活出本源的爱，

我知道，我会成为那个太阳，

我知道，太阳出来的那一天，空气的温度就会发生改变。

7 熟悉产生抗拒，陌生产生吸引力

熟悉产生抗拒，陌生产生吸引力

熟悉反而容易产生抗拒，怎么理解呢？

我们的关系从爱开始，因为吸引力让我们有了注意力的方向。当我们投射我们的注意力的时候，我们自然就会更加了解对方，从而也不断地给对方下定义，认为“他就是这样子的”。慢慢我们就定性或解析甚至误解了一个人，而往往我们对我们所爱的人又很容易有高期待，这份高期待的背后通常都跟“是否爱自己”有关，期待背后可能是失望，失望又产生悲伤感，悲伤感又转化为愤怒感，抱怨、指责、拒绝、攻击就开始产生了。

有时候“爱”与“恨”往往只差一线，“爱”与“恨”的最里面有个叫“渴求”的东西。“渴望”与“需求”构成了“渴求”，我们最容易向我们最熟悉的人去要，而一旦得不到，我们就很容易产生恨。

所以，多留点空间给别人，就多留点生活的快乐给自己。保留对别人的一点好奇而不下结论与定义，就会多留出点爱给自己。

人很容易受环境的影响，而我们恰恰也是别人的环境，所以保留一份对自己的好奇，好让自己进步，让自己不断地做全新的自己，从而创造一个全新的环境场，而在环境场里面的人也会受到影响。

人相信自己会进步比较容易，可相信别人会进步比较难。

人对自己不下定义比较容易，可对别人不下定义比较难。

用爱自己的程度去爱别人，用相信自己的方式去相信别人，用不定义自己的方式去不定义别人，关系会不一样。

“陌生”与“尊重”反而很多时候是在一起的，因为陌生有空间，所以“空间”也代表“尊重”。

让别人感觉到他是有吸引力的，就如同别人让我们感觉到我们是有吸引力的一样。当我们总觉得自己能够吸引着对方的时候，我们自然就会更容易呈现出爱的状态。所以让对方觉得他在吸引着你，那么他也就很容易活在爱的状态里，你的世界就不一样了。

所以，让别人在你面前有点陌生感，创造点空间感，自然就会多点新鲜感，生活也就会每天都充满乐趣。

心语：

从今天开始，

我做回我自己，

允许你做回你自己，

欣赏彼此的独特性，

我用爱自己的程度来爱你，

也用相信自己的方式来相信你。

8 跟你身边的那个人相处好，就能跟全世界相处好

跟你身边的那个人相处好，就能跟全世界相处好

我的一位老师告诉我："也许我们身边的那个人是世界上最难相处的那个人。"

他认为最了解我们，但我们又不认为他了解我们；我们认为我们了解她，但她又不认为我们了解她。

我们为他做了一切，他又说我们做得不够；她认为自己为我们做了一切，我们有时还感到难受。有时我们提醒他是为他好，他认为我们在否定他，甚至认为我们不爱他。

我们对她说话的语气直接一点，她又说："你对外面的人都那么好，就是对我不好，你那么大声干吗呢？"

也许你天天都看着她，但是她说你从来不看她。

也许你天天都陪着她，但是她说你很少有时间陪她。

你期望她成为你的小棉袄，但是她愿意做你的领导。

你期望他成为你的依靠，但是他想让你做他的妈妈给他靠一靠。

我们期望他是向日葵，他偏偏要做仙人球。

期望的内在叫期待。期待是我们最大的障碍，也是关系中最难的功课。

结婚之前我们总是看到对方已经做得到的部分，但结婚之后总是看到对方没做到的部分。不是他变了，而是我们变了，是我们的期待变了。

当你知道他不是向日葵而是仙人球的时候，也许你就能学会如何来跟这个仙人球相处，如何来爱这个仙人球，如何来栽培这个仙人球了。接纳是幸福的开始，请接纳他本来的样子。

什么叫幸福？得到了没打算得到的东西。

什么叫失望？一直想得到但一直都得不到。

什么叫受伤？你认为他有但他又不愿意给，我们很受伤。

什么叫接纳？当你看到他背后有限、正面的动机和背后的爱时，接纳已经发生了。

心语：

我知道，

上天一直在爱着我，

它让我去面对关系，

它让我去成长关系，

我已经知道，我与他的关系决定了我与世界的关系，

我要学会接纳，因为我知道接纳是爱的第一步。

9 允许别人对自己有误解

Suggest
Box

允许别人对自己有误解

如果你问我喜欢什么花，可能很多人第一时间以为我会回答玫瑰花，很多学生都知道我喜欢玫瑰花，因为在课堂上我经常提到玫瑰花，玫瑰真的好美。至于“为什么喜欢”，我可能回答不出来，答案是什么并不重要。

其实，我很想跟你说：“我更喜欢向日葵，我从小就喜欢在家门前种植向日葵，它长得比我还高，花开得比我的脸还大，我喜欢看它向着太阳转，我也感觉到它好开心。”别人问我为什么总是种向日葵，甚至在课堂上还送向日葵的种子，我过去不知道原因，就是喜欢。今天我才弄明白，可能我喜欢有生命力的状态吧，如果玫瑰代表爱，那向日葵就代表生命力。生命力的底层是爱。有时候，连我们自己都不知道喜欢和在乎的是什么，别人就更不可能完全了解我们，对吗？如果我们在乎别人对我们的看法，不如先在乎自己对自己的看法。

我还告诉你一个秘密，我喜欢茉莉花，喜欢它的清香，这种清香让我没有压力，让我心情愉悦，忘记一切。它代表自然。我喜爱自然的生命力，这是一种纯粹的生命状态，没有了压力，没有了在乎，没有了别人的看法，没有了害怕，多了一份欣赏，多了一份接纳，多了一份自我肯定，多了一份信心，更多了一份豁达。

玫瑰花不会因为你不喜欢它就不开心，玫瑰依然是玫瑰，因为它知道一定有人喜欢它，也一定有人不喜欢它。它依然活出它自己，同时它也知道自己会越来越好。

向日葵不会与玫瑰花比较，因为它知道我喜欢的是它的独特性。茉莉花不会因为我没有提到它就很失望，它知道我在用其他方式喜欢它。

请你告诉可爱的自己：我欣赏我自己，我接纳我自己，我让自己越来越好，我允许你暂时看我不够好，不过我想告诉你，我会越来越好，你看见的我不代表真正的我，只代表你眼中的我，你眼中的我仅代表你看待世界的方式，这是你的世界，并不代表我的世界。我有我的世界，我的世界是接纳的、欣赏的、有信心的、有力量的、我主导的、有爱的、平和的、愉悦的。我爱自己、他人、世界，我是统整的。

心语：

别人怎么看待我，

仅代表别人所看到的世界；

别人怎么看待我，

不代表那个人就是我。

我相信别人有别人的独特性，

我也相信我有我的独特性，

上天不要求每个人都一样，

我只需要活出我自己就可以了，

因为我自己就代表了宇宙最高智慧的显化。

10 所有的伤害都来自误解

南
北

所有的伤害都来自误解

关系由爱开始，由误解结束。没有爱就没有误解，没有误解，关系就不会结束。

你最容易误解的可能是你最在乎的人，这句话很有意思。生活中也经常发生这样的场景：先生从外面回来，闷闷不乐地坐在沙发上一声不吭，太太看到先生黑着脸坐着，心情也糟糕起来，默默地做着家务。先生看着太太闷闷不乐、一声不吭地做家务，心里想着：我今天已经糟糕透顶了，她还这样子对我。先生看了太太一眼就站起来转身走到阳台上背对太太坐着。顿时太太的脾气上来了，接踵而至的将是一场暴风雨。但遗憾的是，太太不知道先生今天被老板开除了，他正在生老板的气，同时还很焦虑。更遗憾的是，误解已经开始了。太太与先生有了距离。

很多时候，我们在意别人是否在爱着我们。爱着我们的人我们自然会更喜欢，如果感受不到对方的爱，我们很容易会不喜欢他们。划分了喜欢与不喜欢的界限，我们的世界也就有了疆界。

电影里最容易触动观众的往往是从爱到恨，然后又从恨到爱，中间有一些误解的情节，当误会解除后双方变得更加相爱的感人故事。最近有部电影给我留下了很深刻的印象，里面的男主角是一所高中出了名的坏男孩，打架、逃课，被多所学校开除，成绩倒数。有一次他再次打架，校长忍无可忍准备把他开除。一位经常被他欺负的女同学偷听到了校长跟男主角说的话“你想一想你是怎么来到我们这里读书的，如果我不是看到你以前是奥数冠军、优等生这些记录，我怎么会想拯救你，我绝不给你这个机会，但是现在我发现我已经帮不了你了”。听后，这位女同学决定帮助他找回原来的自己。故事最后讲出了男主角从好学生变成坏学生的原因，原来男主角当年跟一位很要好的同学竞赛游泳，结果他的同学失事了，他一直活在自责中……

很多时候我们看到的不一定是真相，每个人背后都可能是有故事的。

我有位女学生，她离家出走了二十多年，一直都没法原谅父亲对她的不好，她带着对生活关系中的无助来到我的课堂，她说她经常指责孩子，对着丈夫发脾气，甚至还动手打丈夫，丈夫想去创业，她不肯，甚至不想看到丈夫有钱，她不知道为什么，她很痛苦。我让她跟我讲她的原生家庭，她说她的爸爸一直都对她很严厉，还经常打她，让她感觉到她的爸爸在折磨她，她很想离开那个不是家的家。

我问她："你了解你爸爸吗？"

她说："不了解，我也不想了解。"

"你知道你爸爸的原生家庭吗？"我说，"如果爱没有增加，事情是不会有任何的改变的。"

两个月后，她来找我，这次她好像变了一个人，一个阳光而喜悦的人，她告诉我："林老师，我回家了，当我走进二十多年没回过的家，我不知道是什么样的力量推动我带着不安、恐惧，又自我鼓励地找到我家的老房子，见到我的父亲，一位年迈、失去威严的老人，他暗淡的眼神里透出了从来没有过的慈爱和希望。父亲拉着我的手坐在村头对每一个人都激动地说'我女儿回来了，我女儿回来了'，我从来没有感觉到原来我在父亲心中是如此重要。父亲对我讲他的故事，父亲是一个被收养的孩子，养父对他很严厉，经常打他，他从来不知道什么叫爱，只知道用打的方式教育孩子。父亲一直在老房子里等着我，二十多年来哪里都不去，他怕出去了我回来的时候找不到他……”她知道了一切，也了解了她心中的不配得感，她看到了她父亲对她一直不放弃的爱……

生活中，好不容易建立一段关系，由于误解而分开。又好不容易建立一段关系，又由于误解而分开。这样我们生活中真正的朋友就不多了。

要敢于去面对关系。

每个人都会在他有限的资源范畴内为自己做最好的选择，每个人都是有限的，每个人的动机都是对的。敢于去面对，找到真实的状态，给关系一个机会。

真正的强大是敢于与你最亲密的人连接并探索他的内在。

真正的强大是不管他的行为如何，你都能看到他需要爱。

心语：

我允许误解，

因为误解无处不在；

我欢迎误解，

因为误解让我有了一个跟别人深层连接的机会。

我知道，受伤来自误解，

我只要敢于去核对他的动机、背后的爱、有限性，

我们就建立了新的关系，

我知道，今天我已经找到了建立关系的钥匙。

11 关注事情是为了控制，关注心情是为了爱

关注事情是为了控制，关注心情是为了爱

人们很容易把注意力放在关注事情上，因为事情通常在行为层面，是可以看见的，也是可以意识到的。意识层面大多数的关注点在于结果，不过有时候“结果”很容易做出错误的等同，如“你怎么这么晚才回来，你根本不爱我”。有时我们经常会做出行为与爱之间的等同，所以意识开始关注行为层面的结果，慢慢我们开始关注对方的行为。出于大多数的错误等同，所以很容易错爱，错爱就会让彼此受伤。

老婆正焦急地等待晚回家的老公，准备发脾气的时候，假如老公马上给老婆一个深情的拥抱，说：“老婆，我爱你！我怕你担心，一路在赶，我都快急死了。”我相信老婆马上又感受到了爱。关注“行为”与关注“爱”产生的结果不一样。

也许你头脑里知道他爱你，但心里不一定感受到爱。因为“知道”在意识层面，但“感受”在潜意识层面，而感受又是潜意识的语言。

爱是一种感觉，感觉背后是感受，头脑有头脑的语言，心灵有心灵的语言，头脑的语言来自问句和对行为的解析，心灵的语言来自“感受”。

如果太太对先生说：“你怎么一声不吭地坐在这里呢？发生了什么事？”先生可能会说：“没事没事。”这样的对话令双方都很难感受到爱，这是关于头脑的语言，心听不懂。

如果太太对先生说：“当我看到你坐在这里的时候，我感受到你好像有点不开心呢。”先生可能会说：“是有点不开心，不过老婆你不用担心，没事的。”这样的对话把双方的距离拉近了，爱已经产生。

少用“发生了什么事？”，多用“我感受到……”，你会发现，你的人格魅力在不知不觉中提升。因为真正有影响力的是影响人的心，你能够影响多少人的心你就有多大的影响力，影响力就是领导力，而影响力背后是感染力，感染力背后是感受力，感受力背后是共鸣力，共鸣力背后是连接力，连接力背后是滋养力，滋养力背后是爱。

关注事情背后的心态：害怕失去，缺乏自信，活在有条件的爱里，爱变成了压力和负担，错误地理解了爱。

关注心情背后的力量：对自己有信心，活出太阳的品质，能给予充足、信任、无条件的爱。

心语：

从今天开始，我要给你空间，

从今天开始，我会把注意力的焦点放在你的心情上，

从今天开始，我会多用"我感受到……"的语言模式，

从今天开始，我要创造好的心情给你好的身心环境，

从今天开始，我要让你总是感受到我的开心，

因为我知道，我的开心也代表你的力量。

12 注意力的方向产生成果，有焦点就有盲点

注意力的方向产生成果，有焦点就有盲点

如果一个人很喜欢奥迪车，他会发现在马路上有很多辆奥迪车；如果一个人很喜欢奔驰车，他会发现在马路上有很多辆奔驰车。人会关心跟他有关的东西，跟他有关的东西就是他的焦点，当然有了焦点也就有了盲点。越聚焦越看不到其他东西。每个人活在自己的世界里，而这个自己的世界就是自己内心的渴求。

父母把注意力放在孩子的问题上，看到的自然是孩子的问题以及做不好的事情了。关注孩子行为层面的问题，很容易用孩子行为的好坏来决定孩子内在品质的好坏。越渴求越聚焦，非什么不可，只有唯一的选择，当只有唯一选择而又暂时得不到的时候，我们就很容易表现得急躁、愤怒、焦虑和控制。负面情绪让我们看不到孩子真实的需要。很多孩子的天赋就被父母的焦点背后的盲点所忽视了。

当一个人开始关注负面，哪怕出了太阳，他心情也不会好。

当一个人开始关注正面，哪怕在下雨，他都认为那是一种滋养。

当一个人开始关注世界的不好，他就看到世界多么不好。

当一个人开始关注世界的美好，他就看到世界充满希望。

当父母开始关注孩子的坏行为，他们就会看到一个坏孩子。

当父母开始关注孩子的好行为，他们就会看到一个卓越的孩子。

一个渴望得到安全感的人，他非常关注事情的把握与控制，他的世界只有安全与不安全，他的关系只有控制和受伤，行为层面是保守的。

一个渴望价值感的人，焦点都在于寻求价值感，他非常关注成就与结果，渴望得到来自他人的肯定，他的世界在于成功与失败。

当我们看到问题的时候，背后通常跟我们内心的期待有关。

我们可能比较容易看到自己的孩子或伴侣身上的问题，但鲜少关注邻居的孩子或伴侣身上的问题。我们可能会对自己的孩子或伴侣很生气，但我们一般不会对邻居的孩子或伴侣很生气。

留意问题背后的期待。

留意我们看到的外在世界背后的内在价值观。

留意价值观背后的自我认同与身份。

心语：

我要学会随时调整我的注意力的方向，

因为一个心理成熟的人才有资格获得真正的幸福，

而心理成熟的其中一个标志就是可以随时调整自己注意力的方向。

我要把注意力放在创造美好的事物上，

我要把注意力放在我内在的成长上，

我要把注意力放在“让我身边的人随时都能感受到幸福”的状态上。

13 爱一直都在，但有时候我们会看不见

爱一直都在，但有时候我们会看不见

人喜欢去寻找东西，找到了又放在一边，觉得自己不够，又去寻找，找到了又放在一边，又觉得自己不够，又去寻找。人们喜欢看到缺失的而不是已经得到的。就如同有一个人爱了我们很多年，但有时候我们还是会看不到他的存在。就如同太阳一直都在，但有时候我们还是会忽视太阳的存在。

人真的很有意思，伴侣在身边的时候一点都不在乎，但一走开或不见了，就焦急得不得了。一个生活在本地的人，不会觉得本地的旅游景点有多么吸引人，但会对外地没有去过的旅游景点充满幻想。

更有意思的是，很多人在到处寻找爱，但并不知道他从来不缺爱，甚至忘记自己就是爱。

伴侣可能会抱怨你说：“你对外面的人都很好，就是对我不好。”

再次看看那些我们曾经熟悉的提醒：

有时候我们在外面做了太阳，能够给予别人温暖和爱，但回到家里我们又可能做了黑洞，甚至心里暗自认为“我能够给予外面的爱是基于我在家里得到的爱”。于是，我们开始向身边的人索取。

今天我想说：“不是的，搞错了，角色搞错了。”

我们在外认为自己是别人的太阳，能够给别人爱，但回到家里我们却做了受害者，认为我需要爱，我快干枯了。其实真相不是这样的，你从来都不缺爱，你能够爱外面的人已经代表你有爱的能力。当你安静下来时就能很自然地欣赏花草树木，代表你从来都不缺爱，你只需要活在爱的状态里就可以了。

“爱”每个人都已经拥有，只不过取决于你愿意什么时间、多长时间活在爱的状态里而已。

当你觉得你缺爱的时候，请你深呼吸一下，让自己一点一点地慢下来，看看你已经拥有的是什么，或者去看看花花草草，也许还会看到蜜蜂和蝴蝶。当你去欣赏一些东西的时候，你会发现你更爱你自己，你内在的自我形象好像也在悄悄地发生改变。很神奇的，你可以试一下。祝福你。

心语：

我要每时每刻都感受爱，

我知道，爱无处不在，

爱我的太阳无时无刻不在，

爱我的花草树木无时无刻不在，

爱我的空气无处不在，

爱我的人已经在，

爱我的世界一直都在，

我一直被爱包围，

我的出生注定是被爱充满的。

14 真诚的风险永远都是最小的

真诚的风险永远都是最小的

有时候我们不表达真诚是因为背后有隐藏的好处。孩子从说谎中得到过好处而错误地认为说谎的成本最低，最后培养了侥幸心理，以小博大，以致一生都没法获得真正的富足。

父母不允许孩子犯错，父母不愿意聆听孩子的正面动机，不懂得“我永远接纳你的人，我只是不接纳你的行为”的道理，不懂得把人与行为分开评判，常把不好的行为等同于孩子的不好，孩子就学会了隐藏，学会了防卫。

举个例子。孩子打架，行为是错的，但如果想让孩子学会真诚，学会正确地与人相处，这么说会不会好一些：“孩子，我知道你是不会随便打人的，你说你打人了，能告诉我发生了什么事吗？”孩子可能就会说：“是他先打我的。”先接纳，然后父母再问：“孩子，如果你想表达主张的话，可不可以用一种不伤害自己也不伤害别人的方式？有没有更好的方式呢？”孩子从真诚中得到好处，孩子的一生将被成就。

不表达真诚，通常都是因为小时候表达真诚的时候受过惩罚。当孩子对父母讲真话时，父母没有看到孩子的真诚是需要先肯定的，而是对孩子不好的行为有点操之过急，结果孩子学会了隐藏自己的真实，从而远离了真诚世界所带来的人生奖赏。要让孩子看到真诚背后的好处与奖赏。

而不真诚的背后，是潜意识里对自己的信心不够，觉得自己不够好，害怕被别人看到自己的阴暗面与脆弱面，总在防卫。处处提防别人，内心总是莫名地焦虑，常常需要算计。

而最不幸的是：外在的世界是内在的呈现，吸引而来的事物都是内在事物最真实的镜子。不真诚的人心里会抱怨：“我都不想要，怎么‘你’会来呢？”那个“你”就是他们害怕的事，最终他们所害怕的事就会发生。而真诚者没有害怕，多了一份和谐、阳光、坦诚和自信，能给予别人可靠、信心和力量。

内在不和谐，身体也会出现不和谐，凡是健康的人心态一定是正面的。你可以看到长命百岁的老人每天都是笑的。我常说：“身体生病是因为身体不平衡，身体不平衡是因为生活不平衡，生活不平衡是因为人与人之间的关系不平衡，人与人之间的关系不平衡是因为我们内在的心态不平衡。”让我们的内在和谐是我们对自己最大的爱。

不真诚处理事情的代价更高，远离真相，会带来更多的误解和伤害。

请你记住：

没有一个人能够永远欺骗所有人。

允许自己暂时不够好。

真诚勇敢地面对真相，最重要的是让自己有机会突破过去的内在瓶颈。越真诚，成长得越快，给自己一个成长的机会。

心语：

我要学会一致性的表达，

我知道，真诚会让我没有恐惧，

我知道，我害怕是因为我有秘密，

我知道，我要让自己与天地自然地连接在一起，

我知道，我可以很坦然地去面对一切，

我知道，真诚的风险最少。

15 无知的代价永远都是最贵的

Ignorance

无知的代价永远都是最贵的

不知道为什么，上天设计了这样一个游戏。一开始什么都不告诉我们，只是给了我们一具空的躯壳，就让我们来到这个陌生的世界，我们还为此而哭泣。然后上天让我们开始接受来自他人的知识灌输，被动地接收，最后我们开始有了自己的软件，带着这套不完整的软件开始运转。有些人的死机了，有些人的出现了病毒，有些人的父母给他安装了一个能够自我修复的软件，有些人自我成长去升级这个软件。但是，上天又让我们为自己安装的软件买单，运转不好时，上天还惩罚我们，它喜欢用教训来惩罚我们，它说：“这个叫自我修炼。”

最可怜的是有些人有“自我修炼”的程序，有些人则没有。没有此程序的人上天让他原地踏步，混沌地生活，不知道为什么上班，不知道为什么结婚，不知道为什么总是有压力，不知道为什么会有害怕与恐惧。

上天又说：“只要你去经历，恐惧和害怕就会消失。”但是它又不会一一告诉每个人。难道上天也跟我们一样，连自己想要什么都不知道？

上天说：“你要去经历，你知道得越多，害怕与恐惧就会越少。”它说你去经历就不会害怕，你不去经历就会莫名地担心。而且你去经历的时候上天会奖励你，它会告诉你一些别人不知道的秘密，否则就要为不听上天的话“去经历”而买单。

它说：

如果你不知道你爱人的需要，你的爱人对你来说是一种惩罚。

如果你不知道你孩子的需要，你的孩子对你来说是一种惩罚。

如果你不知道自己的需要，你“自己”对你来说是一种惩罚。

如果你不了解生存，生存对你来说是一种惩罚。

如果你不了解生活，生活对你来说是一种惩罚。

如果你不了解生命，生命对你来说是一种惩罚。

无知就会被惩罚，博学就会被奖励。而想博学就要去经历。

一个知道财富秘密的人，就会拥有财富；一个不知道财富秘密的人，就会为贫穷买单。

一个知道健康秘密的人，就会拥有健康；一个不知道健康秘密的人，就会被疾病惩罚。

一个知道如何经营关系的人，就会拥有关系；一个不知道如何经营关系的人，就会被误解、被伤害、被惩罚。

一个知道家庭幸福秘密的人，就会拥有幸福的家庭；一个不知道家庭幸福秘密的人，就会被一个不和谐的家庭惩罚。

知道什么就会拥有什么，反之就会给我们带来害怕与恐惧。害怕死亡，是因为你不知道死亡之后会发生什么；害怕鬼，是因为你从来没有见过鬼；害怕上台讲话，是因为你上台锻炼得太少。勇敢去面对未知，你会不断超越自己的人生瓶颈。

上天让我们去经历、去学习、去接受教育也是爱我们的方式之一，如果听不到，就会为此买单。

心语：

我知道了，我的恐惧是因为我从来没有面对过，

我知道了，我从来没有面对过是因为我恐惧。

所以，我要去面对，

面对我所不知道的，

我要去面对我的内心，好让我的内心没有恐惧，

我要去面对我的关系，好让我的关系变得好转，

我要去面对我的未知，好让我有更多的资源来做出更多更好的选择。

16 一个人的格局被放大了
就永远都回不到原来的小地方

一个人的格局被放大了
就永远都回不到原来的小地方

以前对盆栽有个疑问。怎么看起来很老的树，连树皮都没多少，叶子居然还长得挺好的。于是，我买了一盆放在家里，可惜一个月之后，我发现它的叶子变了，好像没有原来那么美了，甚至有几片叶子变黄了，我有点担心，怕它死去。是不是盆里养分不够呢？应该是吧。你看，盆那么小，树怎么可能吸收到足够的养分呢？于是我做了一个聪明的决定，把它移出来种在面积更大的院子里。后来，它越长越高，叶子越长越大，却怎么看都不像我刚买回来的时候那么美。我把它当作普通的树种在泥土里，后来，它就真的长成了一棵树。

这件事情过后，我发现，小小的花盆就种出小小的花，大大的花盆就种出大大的花。这让我对园艺师有了一种莫名的敬佩，平时看起来需要很大地方才能栽种的树木，到了他们手里居然可以种在小盆里，更神奇的是这棵树还挺配合这个小盆，每年只长一点点，但又长得很和谐。真是神奇！

不过，我最近有个大智慧的发现。小盆长小树，大盆长大树，更宽阔的土地长更大的树。这里面好像有一种安排，物种会根据它当下的有限资源做出对自己最好的选择。如果我们是小盆子，那只能长小树；如果我们是大盆子，那就长大树。植物有它的生长规律，那人会不会也有这种规律呢?

我好像明白了一个困扰我多年的疑问。为什么有一些人一辈子从来没去过外省，为什么有些人一辈子在山里过着贫穷的日子，他们也根本不会想要到外面的世界看看。同在地球村，每个人都活在不同的世界里，他的世界就是他的眼界，也叫他的有限。

什么样的格局就活出什么样的世界。

简单来说，格局就是你眼里看到的世界。不同的有限做出不同的选择，而不同的选择就有了不同的命运。原来，格局就是我们的有限，当我们的有限被拓展后，我们的格局就被拓展了。有限不仅是知识的多少，还包括是否看到得失，更重要的是现在的得失还是将来的得失。

格局有它的特性：

格局只大不小，格局被放大了，就永远都回不到原来的小地方。

大人长大了不会缩小回去，树木长大了也不会缩小回去。

一个已经学会游泳的人是不会失去这种能力的。

容积大的就能装进容积小的。

房间永远都在房子里面。

自私只是一个人活在他的有限资源里。就像下围棋，赢的总是看到全局的那个人。

大人与小孩玩游戏，小孩子看眼前，大人看全局。

上天让我们慢慢长高是让我们慢慢把眼界越看越远。

自爱的人很难活出格局，他爱的人在任何时候都有格局。从自爱到他爱需要从青涩到成熟。成熟就是从满足到缺失，然后从缺失到满足，提升一级，再从满足到给予，又从给予回到满足，经历多次循环，格局就被打开了。

而打开格局最好的方式就是学习。

关于学习，有一个很重要的秘密：

一个小学毕业的人，如果毕业后不再学习，他一生的思维方式就只停留在小学阶段；

一个中学毕业的人，如果毕业后不再学习，他一生的思维方式就只停留在中学阶段；

一个大学毕业的人，如果毕业后不再学习，他一生的思维方式就只停留在大学阶段。

也就是说，你学到什么程度，你就停留在什么高度。毕业后选择继续学习的人，他一生都在跨越和超越，境界就会越来越高。当然，学习不仅是在学校，还包括社会上各种各样的学习和课程。

心语：

今天开始，

我要学会承载，

我要放大我的格局，

我要去学习，

好让我慢慢长高，

让我的眼界看得更远。

天花板都是人所建造的，

人类建天花板是为了安全感，

我要打破天花板，

因为我有格局、我有眼界，我没有了恐惧。

17 轻轻推动你圈子的边缘，看看是否有空间容纳那些被排除在外的人

轻轻推动你圈子的边缘，看看是否有空间容纳那些被排除在外的人

当小石头掉进水里的那一刻，你可以看见水面上有圈圈一个个地不断地往外扩，范围越扩越大，甚至包围了水面上漂浮的各种杂物，但它不会因为包围了这些杂物而不再往外扩。人天生拥有这种能力，这种可以让我们变得更幸福的能力不会随着我们的长大慢慢消失。

小的时候我们对世界充满好奇，万事万物都想去探索，随着那份探索：

当我们遇到了某人，他让我们受伤了，我们讨厌这份受伤，然后把类似的人也无意识地拒绝了；

当我们遇到了某人，他让我们愤怒了，我们压抑着这份愤怒，然后把类似的场景、声音、语调、人也无意识地拒绝了。

当爱我们的人不肯满足我们的期待了，我们压抑着，我们不喜欢他们了……

有一天我们也开始讨厌自己，甚至憎恨自己，我们不允许自己这样做，慢慢地，我们也不允许别人这样做，我们缺失的越来越多。我们又开始想去寻找我们所缺失的，开始向别人要，别人不给，我们受伤，然后拒绝……

我们的世界越来越窄，最后，只剩下孤单的自己，我们又开始拒绝天，拒绝地……

最后拒绝自己。

阳光照到你的眼睛，如果你感到刺眼，你可以选择闭上眼睛。不过当你闭上眼睛的那一刻，你的世界就变黑暗了。建议你慢慢睁开你那双本来就很美丽的眼睛，看看这个世界有什么是可以欣赏的。

海可以容纳高山，高山也不会因为自己高而不与海在一起，它们经常在一起，所以它们不会感到孤单。

水没有不喜欢的植物，也没有不喜欢的动物，所以水是自然界最受欢迎的。水什么都喜欢，所以是万物所需要的。水从来不会受伤，因为它从来不要求回报，甚至还会一直滋养你。

每一份拒绝背后都是一份防卫。一个国家建立军队，除了保卫国家，背后是害怕失去。有了军队就一定会有情报系统，情报系统就像我们的神经网络。当我们每天都处于一种防卫状态时，我们就会变得神经紧张，患得患失。时间久了就习惯性地拒绝，甚至拒绝外交。没有一个国家会因为拒绝外交而变得强大，拒绝外交的国家都会变得贫穷而封闭，富裕的国家都是开放的国家。

有的人是这样的：太阳刺痛我的眼睛，我就闭上眼睛，不看世界，我宁愿变得黑暗。每个人的选择不一样。

听说几十年前睡觉是不用关门的，人们也并不害怕。而现在，防盗网都说要质量最好的，小区也安装了很多摄像头。人心开始有了距离，有了更多的害怕，有了更多的不信任，内心就很难有真正的幸福感。

界线是用来划分空间的，界线越多，空间就越窄。一个西瓜被切的份数越多，每份就越小。

把界线去掉，看看会发生什么。也许你依然会受伤，但是你得到的也许会更多。

拒绝海浪，也许你不会被卷进海里，但你可能会失去阳光海水带来的快乐；拒绝别人，也许你会安全，但你也可能会失去意想不到的机会。

我们是要幸福还是恐惧，由你来决定。

上天给了你整个世界，你说只要一点点，也由你来决定。

上天安排了很多人与你连接，目的是让你平安幸福，你说不想认识他们，还是由你来决定。

爱是一切的根源，能否把圈圈扩大一点点？一步一步来也是可以的，海阔凭鱼跃，天高任鸟飞！祝福你！

心语：

我要扩大我的圈圈，

我要用爱去化解一切，

所有过去我不喜欢的，

我都会喜欢它们，

所有过去我不接纳的，

我都会接纳它们，

我的圈圈里面没有对抗，只有爱。

我要用我的真诚去沟通，

我要用我的身心去与人连接，

我不会受伤，因为我从来不害怕。

18 人生站到一定的高度就没有了风雨

人生站到一定的高度就没有了风雨

“只要你飞过了云层就没有了风雨。”多年前，当我第一次在书上看到这句话的时候，我就记住了。这句话让我第一次知道，原来有些地方是没有风雨的。我对未知产生了好奇。直到我第一次坐飞机的时候，我特别留意飞过云层后会看到什么。结果，我看到了白茫茫的云海，没有一片乌云，所有的云都处在同一高度，上面一个人都没有，如此干净，只有太阳照耀着，我很渴望在上面走走，感觉像是自己发现的新大陆，我第一次看到了这个不一样的世界。瞬间，我好像知道得比别人多，还挺欣赏自己的。

后来，这句话成为我潜意识里很重要的一句话。它指导我走过了很多人生坎坷，跨越了很多人生栏杆，发现了一片又一片新大陆。原来人生是可以站得更高的，原来人生真的是可以没有风雨的。

再后来，我观察到，在风雨来临之前通常都是先有乌云的。乌云越积越多，最后挡住了太阳，风雨也就开始了。乌云很低，低得就像在头顶上，给了我们压力。然后，我们找来了雨伞或躲回屋子，期望雨伞或屋子成为我们的依靠。

乌云就是我们的压力。当人在压力状态下时，我们只有求存，我们有了害怕、担心、紧张，我们就开始抓住身边可以依靠的力量，最容易抓到的就先抓，最后我们抓到了身边最亲密的人，开始传递害怕、担心、紧张。对方的压力也来了，对方也有了乌云，乌云与乌云集合后就开始打雷下雨。当处在风雨状态的时候，我们只关心眼前，视线也开始模糊，甚至看不到彼此，关系就出现了问题。

人生所有的风雨几乎都跟人与人之间的关系有关。人因爱而相连，又因自爱而受伤。直到有一天身心疲惫，想出去走一走。值得高兴的是：出去走走，学习学习，也许晴天就慢慢出现了。

允许自己停一停，我们担心的很多事情就根本不会发生。就如我们担心害怕了那么多年，今天还是好好地站在这里。既然担心的事情不会发生，那又有什么可害怕的呢？有时候走一走，停一停，晴天就来了。因为自然中，晴天总比阴天要多。

如果你看不到太阳，只能证明有乌云挡住了你的眼睛，不代表晴天不再。请你站高一点，太阳就与你在一起了。越靠近太阳就越没有风雨。太阳是什么？就是你对生活、对自己的信心。永远对生活保（保留）有（拥有）信心。

一个球队实力不济，分组抽签最害怕被抽到死亡之组，但不管他们怎么抽，最后一定抽到死亡之组。只有让自己变强大起来，在哪里都不重要。人求安全感，最后发现哪里都不安全，总期望别人能给他保证。人只要强大了，就不需要别人给他安全感，反而他能给别人安全感。

把人生看长一点，把事情看小一点，把得失看淡一点，把因果看明白一点，太阳就出现了。

小树想长成大树，注定要经历足够多的风雨。但成为大树的那一天，风雨也就变成了它的朋友，给它滋养。

心语：

风雨来临的时候，
代表我将要成长了。
我欢迎风雨，
因为每次经历完风雨之后，
类似的风雨就不再是我的风雨，
它变成了我的朋友，
我变强大了；
我欢迎风雨，
因为每次风雨过后我不仅能看到彩虹，
而且可以站在彩虹之上看得更远。
原来每一段风雨都是上天爱我的方式。
感恩有你，
我知道，
当我经历完所有的风雨之后就是一片晴天了，
谢谢你！

19 不要试图培养一个完美的孩子

化学
英语班
辅导班
物理班
音乐班
生物班
书法班
美术班

不要试图培养一个完美的孩子

追求完美是好的，因为有期待与动力。如工业生产，追求完美能推动产品的不断优化，造出越来越精良的产品，其副作用就是要不断地否定过去。如果将工业生产用在人身上就不太合适了。工业生产追求的是效率、结果，产品本身是死物，本身不会有焦虑、失望等情绪，情绪只会在生产它的那个人身上体现。如果把追求效率、结果用在人的身上，追求者与被追求者就都有了焦虑与失望。有期待就有失望，有失望就有悲伤，悲伤又转化为愤怒，愤怒再转化为指责和抱怨，人的自我价值就会降低。

我们发现自我价值高的孩子通常都有自我价值高的父母，自我价值低的孩子通常都有自我价值低的父母。一个完美主义的父母，孩子被提出高要求，如果此时父母与孩子内心连接是亲密的，孩子为了满足父母的期待是会努力的。不过，孩子对自己的期待跟父母对他的期待一样高，不知不觉就会产生焦虑，同时也就变成一个完美主义的孩子。如果父母与孩子内心的连接不亲密，孩子很容易产生各种各样的偏差行为，最终会破坏亲子关系。

完美主义者很难获得真正的快乐，经常会莫名地焦虑和担心，有时候还会怀疑自己、否定自己。他也许会有目标，但是很难活出真正的爱。

教导孩子不是工业生产，而是农业生产。农业生产必须遵循自然规律，植物不到开花的时候就不会开花，你能够做什么呢？植物有时候长得好，有时候长得不好，这很正常，但是它长得不好的时候给它一些营养，过一段时间它又会长得很好。植物会经历不同的季节气候，人也要经历春夏秋冬。树木在春天的时候长出嫩叶，绿绿的，有一种清新之美；到了夏天，树木枝繁叶茂、郁郁葱葱，有一种灼热之美；到了秋天，叶子变黄了，有一种斑驳之美；到了冬天，叶子落了，雪压在树枝上，有一种静穆之美。这就是自然规律，如果我们只喜欢春天的清新而不接纳冬天的静穆，那冬天对我们而言就是惩罚。如果我们不接纳孩子表现不好的时候，那孩子也会经常惩罚我们，我们就都不快乐了。更严重的是，孩子会跟我们产生距离。

完美是心中的标准，是比较之下的产物。人与人比较产生失望与焦虑，自己与自己比较产生欣赏与肯定。不了解孩子是“谁”，比较就没有了意义，就好比你不能说一条不会爬树的鱼不完美。父母如果不懂得发现孩子隐藏的正面资源、身份背后的价值追求，那么就等于你并不了解孩子，很容易出现要求鱼会爬树这样的错误。让我们多一份发现吧，不用焦急。

接纳不完美是心的境界，是灵性的体现。

金鱼如果只有一种颜色，它就不叫金鱼了；森林里如果只有草，那就不叫森林了。不同物种的组合不叫完美，而叫完整。

人生是一个完整的过程，不是完美的过程。生老病死叫完整，春夏秋冬叫完整，不同物种组成的大千世界，也叫完整。如果要求完美，你会连上帝都抱怨的。

每件事情的产生都有上天的美意，如果你用心去觉察的话，上天必将成就我们。

艺术家专找残缺的东西做创作的原材料，从而做出意想不到的艺术品。而生活本身，就是一种艺术。

从不完美中看到完美反而是我们的功课，而故意制造不完美更是创作大师。故意制造一些困难让孩子去经历，让孩子从中学习。

知道答案但微笑不语，让孩子去找答案是一个很有意思的过程，你会发现孩子身上有很多你平常都没有发现的天分，你会更欣赏他，孩子的自我价值也会更高。

心语：

我们的出生从不完美开始，

我们的进步也是从自己的不完美开始，

我们的追求也是从生活的不完美开始，

我们的死亡也是不完美的。

不完美无处不在，

不完美成为了人生最大的完美。

我要学会与不完美相处，

因为学会与不完美相处就学会了与生活相处。

20 永远都不要害怕一无所有

永远都不要害怕一无所有

人真的很有意思，一无所有的时候什么都不怕，挺勇敢的。拥有一些东西之后，就开始患得患失。小孩子什么都不怕，爬高爬低，什么都敢试。很多大人却什么都怕，怕高怕低，什么都不敢尝试。穷得饭都吃不上的时候，什么都敢做。什么都拥有了，连害怕也一起有了。

害怕失去是人的基本恐惧。

害怕死亡，是因为放不下。

害怕风险，是因为害怕失去。

害怕疾病，是因为害怕失去。

害怕被抢劫，是因为你已经拥有。

人喜欢去寻找东西，找到了又放一边，觉得自己不够，又去寻找，找到了又放一边，又觉得还不够，又去寻找。人们常看到缺失的而不是已经得到的，总是害怕缺失。蜜蜂每天都很勤奋地去采花蜜，其实蜂巢里所储存的蜂蜜已经足够蜂群们生存的了，但蜜蜂从来不满足，一生都在寻找，直到死去，这是它们唯一的生存方式。人有时候比蜜蜂还可怜，蜜蜂活在本能世界里，而人活在情感世界里，比蜜蜂有了更多的不安。

本来就没有，有了才发现了没有。当我们发现了没有，有就开始了。如果你现在一个人在荒岛上，一无所有，你会想办法去发现你现在还有什么，每一个发现都会让你充满力量。当我们什么都拥有了，我们会去发现我们还缺什么。

恐惧最根本的原因是我们看不到自己已经拥有的，如我们已经拥有的能力，能力有了不会消失。还有我们生来就有的身体资源、精神资源、信心资源等。这些都是上天给予我们的最大礼物。有了这些，你什么都不用怕。

有和没有是一种假象，得与失本来就是宇宙的循环，一进一出是上帝设定的，有进口就有出口。宇宙就是这样循环的。

有时候可以跟自己说：“我本来就没有，所以没有什么可害怕的，大不了从头再来，何况现在还多了一些经验，何况现在的起点比原来还高呢。”反正生活还是要继续的，像玩游戏一样，一关一关地过。太简单的游戏你不想玩，就玩一些有点难度的。玩游戏不是为了过关，如果纯为了过关，你只需要找一些最简单的最容易过关的游戏玩就好了，但你为什么不会去玩小孩玩的幼稚游戏，而是挑一些跟你能力相匹配的游戏玩？背后的秘密是挑战高难度的过程能让自己更加欣赏自己。小孩玩与他能力相匹配的游戏，当他慢慢长大了他又选择新的与他能力相匹配的游戏，大人不玩小孩的游戏，因为大人已经在玩生活的游戏，这就是人生。

电子游戏结束了你可以重玩，而人生游戏只要活着就不会结束，除非你自己决定要结束，否则没有人会结束你的人生游戏。结束是新的开始。

当有一天你连失去都不再害怕了，格局和爱之门就为你打开了，从此过着内心平静的、有信心的、给予和富足的人生了。

祝福你！

心语：

我不害怕一无所有，

因为我不是真的一无所有，

至少我还有真诚，

至少我还有信心，

至少我还有比原来更好的我，

至少我经历了足够多的风雨，

至少我已经比原来更加强大了。

21 要成为别人的依靠，而不是成为别人的负担

要成为别人的依靠，而不是成为别人的负担

当我们觉得别人应该要为我们负责的时候，关系就隐藏了危机。因为这个时候我们有可能已经不知不觉成为了别人的负担。

“应该”背后是有等级关系的。当我们向对方说“你应该……”的时候，内在已经建立了上下级的等级关系了。当我们处于等级关系中时，我们对对方自然就有了期待，有了期待就一定有失望，有失望就有悲伤，有悲伤就有愤怒，有愤怒就有指责和抱怨，关系就会出现战争。两性关系是这样，亲子关系是这样，连同事合作关系也是这样。

“应该”在关系中是很危险的。你会发现，当别人对着你说超过三遍“你应该……你应该……你应该……”的时候，也许你就有了莫名的愤怒感。为什么呢？这是一种潜意识身份层面的防卫与自我捍卫。一个人肯定不愿意自尊受损，潜意识也不愿意接受低的自尊，所以我们在关系中要少用“应该”。不要认为别人应该为我们负责，也不要对别人说“你应该”。

有时候，爱会演变成一种负担。当我们有了“应该”和“依赖”之后，我们就成为了别人的负担。当然，别人也可能会为你承担，不过那只是出于一份责任，同时对方会感受到无形的压力，这种压力是不知不觉中发生的，而爱在这个时候有可能也会慢慢地消失。

“应该”和“依赖”从来都不会得到真正的爱，更多的是责任与同情，让关系疏远。更不要用自己的“弱小”来博取别人的爱，别人迟早都会离开，因为这是一种压力。有负担就有压力。

要成为别人的依靠。小鸟会找大树，猴子也找大树，凡是能够成为别人依靠的人都是强大的人。富士康有个员工指责老板郭台铭：“为什么努力加班的是我们，而赚钱的是你？为什么住集体宿舍的是我们，而住豪宅的是你？”郭台铭说：“为什么我在努力面对企业的风险的时候，你在车间里闲聊？”

依赖和依靠是两种截然相反的心态。

“依赖”是把力量交托出去，是一种托付心理。当我们有了托付心理，就很容易产生焦虑情绪，潜意识里觉得决定权在别人身上，总感觉自己无法掌控，于是很容易产生抱怨与控制等行为，因而让彼此都有压力，关系产生危机。有依赖心态的人内心里存在侥幸心理，而且总在寻找安全感，甚至期望别人能给他保证。处在依赖状况的人很难得到贵人相助，因为人们都喜欢帮助那些感觉有希望和未来的人。

“依靠”是有力量的，自己能够决定，认为所有事情都操之在我，如果我没有改变环境，那就改变我自己。能成为别人依靠的人，他不会要求别人给他保证，而会努力去增加自己的价值，他知道有一天当他的价值累积到一定程度的时候就会有人给他价格。

当别人给他价格的时候他也不会选择马上就要，因为他知道早开花的树长不高。他给人的感觉是独立的、有信心的、能干的、可靠的，就会得到贵人相助。

心语：

从今天开始，

我不再需要别人对我保证，

因为我已经可以保证别人；

从今天开始，

我不再需要别人给我安全感，

因为我已经可以给别人安全感；

从今天开始，

我不再需要别人给我依靠，

因为我已经成为了别人的依靠。

22 运用射箭原理来实现人生的任何目标

胜
00 24

运用射箭原理来实现人生的任何目标

通往成功的路有很多条，有些人选择从东面上山，有些人选择从西面上山，也有一些人找人带上山，还有一些人有了充分的把握才上山，不同的选择有不同的道路，最怕的是你从未出发。

有一位世界激励大师分享了一个对我人生影响很大的原理——射箭原理。

有两个人同时学射箭，老师只给他们十分钟练习，就要比赛。A 同学期望自己能够一箭即中，所以准备得很充分，他努力观察老师的每个动作、每个细节，甚至都一一做了详细的笔录。然后拿起弓箭努力地瞄准，注意角度、站姿、力度等，犹疑了很久才发出一箭。B 同学知道时间有限，没想那么多，搭上弓就开始射箭，连续不断地发射。你猜猜最后的结果是谁赢了呢。

B 同学赢了，为什么？因为 A 同学十分钟才发一箭，而 B 同学十分钟发了二十箭，A 同学只有一次总结和调整的机会，而 B 同学有二十次总结和调整的机会，所以 B 同学成为了射箭高手。

在成功的路上有些人追求完美，期望付出最少的代价，把风险降到最低，走最少的弯路获得成功，甚至认为成功只有一种方法、一个机会，成功是有捷径的。当然这种认知也是可以的，他也许会找到机会，快速成功，但这只是偶然的，不会是持久的，因为他没有真正掌握成功的本领。成功没有偶然，成功的路上注定要有不断解决问题的能力和面对问题时的心态，从而决定不同的选择，而不同的选择决定了不同的结果。B 同学通过大量的射箭拥有了这份能力。学游泳不需要充分的准备，只需要下水不断地尝试就可以了，而且只要拥有了这份能力，走到哪里就都会游泳。学战争必须在战场上，学演讲必须在讲台上，成功就是这么简单。

很多人做事情之前会先看看自己手上有多少资源、多少人脉、多少资金，有没有好的方法，做好充分的准备。其实，这些人是心里害怕失去，瞻前顾后，这也能理解。因为来之不易，所以会产生焦虑和担心，患得患失。问题是出发了之后肯定是要面对困难的，在困难出现的时候，他又马上会思考是不是他的计划不够好，回去调整计划再出发。结果再出发了之后又出现了新困难，又回去调整计划。几个回合之后，他放弃了。很多人失败就在于太追求完美主义。

成功的人不会这样做事情，他知道只要方向是对的就开始出发。什么是对的方向呢？只要对社会有价值的方向就一定是对的，他就出发，出发后发现问题，没关系，有问题是正常的，现实的问题现实解决，往前一步。又出现问题，再解决，又往前一步。每一次新的出发都离目标更近一步，在不完美当中实现目标。成功者都知道他要的是目标的实现而不是过程的完美。世界首富比尔·盖茨曾分享过："我只要觉得这个事情有3%的成功可能性，我就开始去做。等我做了一段时间后，别人就已经没法超越了，同时我也成为了专家。"

请告诉孩子："你只要在某项能力上不断地练习，你就可以掌握和拥有你想要的能力。不要想那么多，去开始，然后不断尝试就好了。"父母能够做的就是让孩子去尝试和经历。

在最短的时间内让孩子走最多的弯路，这就是最简单的教育方式。

每一次的出发都是一次面对问题的最好机会，这代表我们多一次解决问题的机会，从而拥有不断超越自我的机会。让孩子不断跨越他人生的栏杆，鼓励他去尝试，不断地尝试。

篮球之神乔丹，他每天只专注于投篮，一百次一千次一万次地投篮，就那么简单。

奥运游泳冠军孙杨，他每天只专注于游泳，一百米一千米一万米地游，就那么简单。

每一次的出发都离目标更近，在不完美当中实现目标。

你可以实现你人生的任何目标。

心语：

我要不断去尝试，

敢于尝试让我有了更多学习成长的机会。

我能为自己创造学习成长的机会，

因为我敢于去尝试。

我让自己一次一次地尝试，

我让自己一次一次地进步，

我不需要跟别人来比较，

我只要比上一次做得更好就可以了。

23 过程无法超越，经历无法代替

过程无法超越，经历无法代替

我很喜欢花花草草，有时候可以连续几天什么都不做，就对着花花草草，但我发现，每次跟它们长时间相处之后，我都会发现自己有了很多的灵感与感悟。我想起我的老师告诉过我“当你的觉察力到了一定高度的时候，有一天你对着花花草草也可以学习”。难道我的觉察力已经到了一定的高度？我有种莫名的开心，变得更加欣赏我自己了。因此，我时不时就运用这种能力，因为能力拥有了就不会消失。

我发现小草、灌木丛、芭蕉树、竹子、大树它们好像有一种特殊的关系，而且好像都在告诉我宇宙的一些秘密。它们的差异性告诉我什么叫作身份，它们的组合告诉我什么叫作人与人之间的关系法则，它们的成长告诉我什么叫作过程与经历。

关于身份与关系法则，我在后面出版的书籍里会分享与介绍。今天我们先了解一下过程与经历。

灌木都是一片一片的叶子往上长，竹子都是一节一节地往上长，大树都是一轮一轮地变粗壮，小草一年经历一次枯荣，这个叫作过程，无法超越。小草、灌木丛、芭蕉树、竹子、大树，哪种植物的生命周期最长？答案是经历风雨最多的生命周期最长。小草只经历一年的风雨，竹子三五年，大树最长。我喜欢看大树，因为它能够给我力量，让我感受到它的可靠、坚韧、目标坚定。

此刻，我很想告诉你一个秘密——“早开花的树长不高”。你可以看看那些果树，如苹果树、李子树、荔枝树、樱桃树等等，它们在开花结果之前的几年，每年都节节高，但一旦开花结果，这棵树就很难再长高了。作为家长，你期望你的孩子像小草还是竹子还是果树？或者是大树？这由你来决定。不同的决定有不同的教育方式。如果你期望你的孩子像大树的话，就让他多经历风雨，不要急于催他开花结果。

故意慢一点反而是一种境界，长得快的商品猪卖不贵，长得慢的猪反而成为了品牌，卖得贵。

慢不是让他不努力学习，而是让他在体验中学习。人总是被触动才会改变，触动背后是感受，带有感受的学习会成为身体记忆，有了身体记忆就能成为一个人的下意识反应。武功也是这样练成的。人会做出“熟悉的模式”而不是“应该的模式”。“熟悉的模式”在潜意识，潜意识与身体记忆有关；“应该的模式”在头脑，容易忘记。“记”在于语言，父母对孩子说了很多的道理，孩子容易忘记，还嫌父母啰唆，因为没有体验与经历，也叫没有触动，即没有感受。因为“忘”字就是“亡”了的“心”，没有了心的感受、体验和经历，记不住。体验没法快速，所以要放慢速度去经历。

上帝造物，让蝴蝶经历破蛹，春蚕经历破蛹，螃蟹蜕几次壳才能长大。人的成长也必须不断地冲破瓶颈，才能长大，否则只能原地踏步。野生动物经过直接喂养没法回归自然，因为它失去了捕猎的能力。代替型的父母会让孩子不能自立。

有一种爱叫无情。含着眼泪看着孩子长大，明知道答案但是微笑不语，让孩子去寻找，这是一种智慧。知识不需要经历但智慧需要经历。一般的父母喜欢传授知识和经验，但有智慧的父母喜欢让孩子去经历过程，体验和经历升华的是智慧。

心语：

我不再着急，

因为我相信我只要出发了就好，

每一步的出发都离目标更近。

我要把注意力放在过程上，

把结果交给上天。

我相信，

我只要不断地经历就可以不断地成长，

有一天，

我一定会成为我想成为的那个人的。

24 养鱼就是要养水，养人就是要养空气

养鱼就是要养水，养人就是要养空气

河流生长出河鱼，大海生长出海鱼；浅水生长出小鱼，深水生长出大鱼；冰水生长出冰鱼，热水生长出热带鱼。这些鱼也可以被叫作“特产”。是鱼决定了水，还是水决定了鱼？当然，它是一种自然的选择。鱼会根据它的需要来选择适合自己的水，因为鱼很自由，它有更多的选择权。而孩子没有选择权来选择他的父母，孩子一出生就已经被决定了他会在什么样的环境中成长。一条金鱼如果从出生到长大一直在金鱼缸里生长的话，它不一定长得很大。但它一旦被放在鱼塘里，不用管它，一年不到，它就比在鱼缸里长得要大一倍。这是我小时候发现的现象。当时并不在意，今天回想起来觉得很有感触。环境决定人。如果你从小就生活在英国，而且你周围的人只讲英语，那么哪怕你是华人也不一定会讲中文。人是被塑造出来的。

植物的环境叫气候，鱼的环境叫水质，人的环境叫气场。家庭环境造就家庭气场，家族环境造就家族气场。一个家庭的环境来自父母的气场，而父母的气场来自双方的内心感受带出来的磁场。是正磁场还是负磁场，由感受带出来的情绪来决定。情绪正面叫正磁场，也可以叫正能量场。情绪负面叫负磁场，也叫负能量场。如果夫妻都是正面情绪，孩子就有好的空气呼吸，建设性信念就多，孩子自然拥有一身正气。如果夫妻经常处于负面情绪中，孩子自然就吸收很多负面情绪，因此产生出很多破坏性信念，从而衍生出破坏性的行为，最后产生破坏性的结果，命运就不好了。

当我们处于开心状态时，自然就有了一些好的想法，也叫建设性想法；当我们处于情绪低落状态时，自然就有了一些不好的想法，也叫破坏性想法。想法加上感受很容易转化为信念。信念系统是指导一个人行为的依据和准则，也叫他的道理。理直气壮是因为他认为他有道理。最为关键的是，一个人决策的依据和道理是根据他的信念形成的，而一个人的信念的正向负向与否，要看是在建设性环境中形成的还是在破坏性环境中形成的。

很多夫妻认为“我们不要在孩子面前吵架”。虽然刻意不在孩子面前吵架，但潜藏在内心里的吵架孩子会感受不到吗？家庭的气场骗不了人，一个真正有爱的家庭和表面有爱的家庭氛围当然不一样。

爱孩子最好的方式就是爱你的伴侣。

因为一个人的幸福一定是来自人与人之间的关系。特别是夫妻关系，与孩子关系好但与伴侣关系不好，相信你也很难感受到真正的幸福；但如果与伴侣的关系好，你一定深感幸福，夫妻关系好的家庭亲子关系自然也不差。因为往往最亲密的那个人恰恰有可能是最难相处的那个人，这么难相处的人你都能相处好，这个世界上已经没有什么人是相处不好的了。

如果爱没有增加的话，事情是不会有任何改变的。自己活出爱的状态，成为家中的那个太阳，家人自然就处于温暖的状态中。心开就开心。再次祝福你！

心语：

我就是我爱的人以及爱我的人的空气，

我要保持洁净的心，

给他们洁净的空气，

我的内在是有爱的，

他们的世界就是有爱的。

我愿意每天都给予我的爱，

就像太阳一样从不间断，

我就是那个太阳。

25 凡是帮助别人会受伤的，是因为背后是求回报

凡是帮助别人会受伤的，是因为背后是求回报

很多朋友经常跟我分享他们的受伤故事，我很好奇，他们从来不跟我分享他们的快乐，只分享他们的受伤，难道我注定只能被分享受伤，我只是别人的垃圾桶？这时，我也觉得我很受伤。开个玩笑，其实，我知道他们是喜欢我的，这样想会快乐很多。他们怎么有那么多的受伤故事呢？人可不可以没有受伤呢？人生来就是要受伤的吗？人不是生来就是要快乐的吗？如果生来不快乐，那上帝为什么要造出人来呢？难道上帝也不快乐？

我以前也会经常受伤，抱怨上天对我不公平。有一天我终于明白了，人之所以会受伤，是因为渴望被爱和求而不得。

被别人指责，谁会受伤？谁在乎谁受伤。

男女朋友谈分手，谁会受伤？谁在乎谁受伤。

孩子相互争抢东西，谁会受伤？谁在乎谁受伤。如果父母也在乎，那么父母也受伤。

婆媳关系中谁会受伤？谁放不下谁受伤。

谈判谁会受伤？谁在乎谁受伤。

人想得到，给别人拿走了，叫作受伤。

人想给予，给别人拿走了，叫作布施。

下雨了，会讨厌，是因为将要失去。

下雨了，会难过，是因为已经失去。

下雨了，会喜欢，是因为将要得到。

下雨了，会享受，是因为已经得到。

不愿意帮助别人，是因为看到将要失去现有。

讨厌帮助别人，是因为帮助了别人总是得不到回报，也叫好心没好报。

喜欢帮助别人，是因为好心不求报。

享受帮助别人，是因为内心已经富足。

有人借钱给朋友，又抱怨朋友不还钱，背后是要求回报，结果失去了钱又失去了朋友。借出去的钱越多，朋友反而越少的人，被称作“傻瓜”；借出去的钱越多，朋友也越多的人，有大智慧。朋友是因为没有钱才会找你借钱，这说明他相信你、信任你，你是他的依靠，这代表你们过去关系是不错的，是好消息。同时，你要知道他找你借钱也代表他没有足够的能力来赚钱，既然已经知道他是没有足够的能力来赚钱的，他又怎么可能有能力还钱呢？所以能承受这个风险你就借，承受不了就不要借。钱没了，关系也没了，又何必呢？

给予不要求回报的，一生都不会受伤。

太阳从来不会因为把阳光给了万物而受伤。

我期望我这样讲，你不会受伤。不过当我这么想时，我可能也会受伤。看来我还是要调整一下我的期待比较好。祝福你！

心语：

从今天开始，

我不再轻易受伤，

因为我给予爱而不是付出爱。

不管别人是否爱我，

我都能去爱别人，

不管别人怎么看待我对他们的爱，

都不影响我继续给他们爱。

26 所有的朋友都是由陌生人变来的

所有的朋友都是由陌生人变来的

陌生人点两次头就成为了点头之交，再吃顿饭就成为了朋友，朋友再多聚几次就有可能成为知心朋友。不要认为自己没有朋友，朋友都是由陌生人变来的。你只要主动走出去，全世界都有你的朋友。你电话的通信录就是你的世界，你通信录里有哪些人，你的世界就有哪些人。

不要经常跟孩子说“要提防陌生人”。总是提防陌生人，孩子总是在防卫，孩子就可能没有多少朋友，没有朋友就没有关系，没有关系，财富也就流动不起来。这样说会不会好一点？“要敢于跟人打交道，不过同时也要学会照顾好自己。”

有些人朋友越来越少，有些人朋友越来越多。有些人把熟悉的人变成陌生人，有些人把陌生人变成熟悉的人。熟悉产生抗拒，陌生产生吸引力。把熟悉的人变成熟悉的陌生人，关系会变得更加亲密。把陌生人变成陌生的熟悉人，你会更有亲和力。亲和力背后是自信、信任、接纳、给予、力量和可靠。

陌生是因为我们拒绝连接，内心找不到那份真正的和谐。

敢于与小草连接，小草是朋友；敢于与大树连接，大树是朋友；敢于与高山连接，高山是朋友；敢于与小狗连接，小狗也是朋友；敢于与世界连接，世界就是朋友。

知心朋友很少，是因为总是期望别人知道你的心，而能知道你的心的人很少，所以知心朋友自然就少了。如果你想拥有更多的知心朋友，从今天开始我们就要学会知道别人的心，你能够知道多少人的心你就有多少知心朋友。知心朋友不是让别人知道你的心，而是你要知道别人的心。知心知心，知道别人的心。不连接怎么可能会知道别人的心呢？

连接力就是爱的管道。

我在 NLP 三阶导师班里分享：影响力背后是感染力，感染力背后是感受力，感受力背后是共鸣力，共鸣力背后是连接力，连接力背后是滋养力，滋养力背后是爱。

爱自己，不会觉得自己陌生；爱别人，不会觉得别人陌生；爱花草树木，不会觉得花草树木陌生；爱世界，世界也不会变得陌生。

只有未知的世界才会陌生，但有了连接力，未知也不再陌生。

心语：

从今天开始，

所有的未知都是我的好朋友，

他们正在等待着我跟他们连接。

他们喜欢我跟他们连接，

我会让我全身心的爱去连接他们。

他们不会拒绝爱，

而我就是爱。

27 人因相同而在一起，因差异而成长

人因相同而在一起，因差异而成长

我一直致力于研究人的本质以及人与人之间的关系。有一天，我发现，人会相互依靠，人类是群居动物，很难单独生存。我喜欢看《荒岛求生》这个电视栏目，有一个人在荒岛上是如何生存下来的。我发现，当只剩下一个人的时候，想要什么都很难。但人只要回到群体社会，衣食住行样样都会有，人类在一起的时候可以发明很多意想不到的东西。原来，只要在一起，什么都可以有。有一部电影叫《火星救援》，主人翁一个人被留在火星，他想尽一切办法与地球联系，当联系上的那一刻，整个人就有了极大的希望和动力。原来连接真的很重要，只要能够连接，就什么都不用怕了。

原来人是依靠群体生存的，那么就很有必要研究一下人与人是如何在一起的。

鸭子喜欢跟鸭子在一起，鸡喜欢跟鸡在一起；竹子旁边通常有另一根竹子，小草旁边一定有另一棵小草。鸡为什么不跟鸭子在一起呢？鱼为什么不跟猴子在一起呢？时尚餐厅为什么去的大部分都是年轻人呢？怀旧餐厅为什么去的大部分都是老年人呢？

人在一起，一定是有一些相同。也许是价值追求相同，所以叫同伙或同伴；也许是头脑的知识相同，所以叫同学；也许是环境相同，所以叫同乡。同学容易彼此信任是因为知识相同，同乡容易彼此信任是因为生活环境相同，战友容易彼此支持是因为经历相同。原来人只要相同就有了在一起的可能，不管相同的是什么。

一个去北京路上的人，他一定会遇到同去北京路上的人。一个去云南路上的人，他一定会遇到同去云南路上的人，但他就不会遇到去北京路上的人了。

人在一起一定是基于某些相同，只要你想跟某人认识或交朋友，你只要在某些方面跟他相同就可以了。两个人在一起不一定是基于财富相同而在一起的，可以是基于知识、价值追求、思维方式、兴趣等方面的相同。

能在一起合作也要基于某些相同，多年的人生经验告诉我合作有三个层次：

第一个层次，基于情感合作，这是创业者很容易选择的合作方式，因为信任，有安全感。当然能够拥有一定的情感也是基于之前的某些相同。但可能会面临一个问题，就是做事业的过程中，可能会产生价值追求分歧而导致最终情感破裂。

第二个层次，基于价值取向相同或相互需要而合作，此合作优于第一种合作方式。花开蜜蜂来，这是价值相互追求，但有一天花谢了，蜜蜂就会飞走。而价值相同是好的，可以并肩前行，但可能会出现谁说了算，谁做主的问题，存在有一天成为竞争对手的可能。

第三个层次，基于梦想合作，此合作是最和谐的。大梦想吸引小梦想，你只要努力吸引跟你有相同梦想的人在一起就可以了，同时努力实现对方的小梦想，这样你的大梦想就会实现。你要做的就是不断放大自己的梦想与格局。这是一条人生修行之路。

心语：

我要学会跟别人相同，

相同不代表要去讨好，

而是我要感受他们的内在，

我要去同理他们，

他们随时都可以感受到来自我的爱。

28 永远对生活保有希望

永远对生活保有希望

如果你现在心情不太好，请你面向太阳，坐一会，看看会有什么新的感觉。

当面对绝境的时候，有一样东西期望你能够保留和继续拥有，不要放弃它，那就是希望。希望就像太阳，看不到不代表它不存在，也许只是暂时被乌云遮挡了而已，乌云一走，太阳就出来了。也许是到了夜晚，但夜晚终将过去，白天总会出现。

宇宙是一个创造可能和奇迹的地方。宇宙总是循环平衡，生生不息的，连生命也是循环平衡，生生不息的。大风浪过来的时候，人越发渺小，你能够做的就是要坚强与坚定，然后学会接纳与面对，最后看看你还有什么，能做些什么，不用害怕。

如果你身处一座荒岛上，能做的就是冷静与坚强，同时启动自己与生俱来的生命动力，与困难斗争。生命本来就是一场游戏，能做的就是快乐地去玩。

人生有很多学习历程，九九八十一难谁都逃不过，修成正果最后找到自己的人生定位，也叫找到最合适自己的位置。在这个位置上自然就会呈现生命力。不快乐不是你不好，也许还没到开花的时节，你却想得到开花的结果。相信有一天你会重新看待你自己的。

人很容易进入惰性的熟悉模式，从而把熟悉模式变成了唯一的选择，然后非什么不可。当人有了非什么不可的时候，就会害怕失去，患得患失。

人生有很多的可能性，如果人生再来一遍你会像现在这样选择吗？你不用换掉你的生命，你只需要换一种想法，换想法就是换生命，你只要做出全新的选择，结果就会改变，就这么简单。不信你可以试一试！

试着把每一段的经历都看成是人生新的起点，你会更有力量的。宇宙总是循环而存在，成功也只是某个时间段的成功。所有的结束都是新的开始，宇宙的诞生是来自另一种能量的消亡。

小鸟如果飞走了，解放的不仅仅是小鸟，还有可能是鸟笼。接纳、面对已经发生的真相，承认事实，也许会激发你新的感受与想法。

你可以走出去看看，让自己动起来，因为行动会给你带来灵感，行动会给你带来好运，行动会给你带来自我形象的改变。

允许自己难过一会，是完全可以的。建议你去看看山看看海，心情或许会好一点。

心语：

再大的事情，

十年之后只是一段故事，

二十年之后只是一段回忆，

三十年之后只是一场梦。

29 说造就别人的话而不是爱别人的话

不要和陌生人说话
别跟某某玩
按我说的做
这是为你好
不准
你看人家谁谁谁

说造就别人的话而不是爱别人的话

这个世界上有两种人：一种是他走到哪里，哪里就变得灰暗，他会拿走别人的能量，这种人叫作黑洞；另外一种是他走到哪里，哪里就变得有力量，这种人叫作太阳。我相信没有人愿意做黑洞，都想做太阳。

可是，有时候我们以为只要去付出爱、关心他人就是太阳。可惜，太阳有时候也会灼伤别人。什么是真正的爱？爱背后没有受伤，没有要求，没有控制。受伤、要求、控制不仅在说负面话语的时候会发生，在说看起来正面的话语的时候也有可能会发生。自爱与他爱可以从说出来的话里去感受和区分。

父母对孩子说的每一句话背后一定带有爱，而孩子是否一定感受到爱了呢？甚至父母打孩子背后都带有爱，而孩子并不认为这是爱，甚至产生了对父母压抑的愤怒。

爱也要用对爱的方式。

很多时候，我们会在不知不觉中说出很多爱别人的话，如父母爱孩子，会跟孩子说："你要注意陌生人！"这句话看起来是爱孩子的话，但不一定是造就孩子的话。如果孩子很听话，孩子相信了，结果是孩子走到哪里都处于防卫中，一生失去机会。前面也提到过"所有的朋友都是由陌生人变来的"，这就是造就的话。

爱别人我们很容易站在自己的立场来说话，而造就别人我们是站在别人的立场来说话，这就是区别。

爱别人，我们很容易表达自己的见解、想法、认知，期望别人能听到自己的爱，如果遭到对方拒绝，我们就会很容易产生负面情绪。别人会感受到压力、控制，从而内心产生不一致性。

造就别人的话，我们会站在别人的立场来读别人的需要、动机、有限性和爱。别人会感受到温暖、被理解，内心是有力量的，生命力是比原来更向上的。

看看这句话：

"你不要再这样子了，对你没什么好处，何必要惩罚自己呢？你再难过他也不会回来，放弃算了，对自己好一点吧。”很明显这是爱别人的话。

看看另外一句话：

“我感受到你现在很难过，面对这样的事情真的不容易。你有什么想说的你都可以说出来，说出来也许会舒服一点。等一下我们再看看下一步可以怎么做，好吗？”这就是造就别人的话。

两者的区别在于说完之后别人的内心是有力量的还是没有力量的，是接受的还是接纳的，是有希望的还是没有希望的。

很多时候我们说话时很容易产生证明自己的欲望，潜意识里想告诉别人自己是强大的，恰恰那是自我价值不足的表现。有时候看起来是在爱别人，实际上是在证明自己的好，说话也就变得没有意义，亲和力和感染力也就没有了。

我小时候看电视剧很喜欢判断电视剧里哪个人是好人，哪个人是坏人。那时也不知道判断的标准是什么。现在想起来，可能是凭当时的感觉判断而已。如果现在用心理学的标准来判断，那要看他是站在自己的立场还是别人的立场，是爱自己的还是爱他人的，是为了造就别人还是为了别人爱他而说出来的话。

一个人只有真正强大了才会真正地给予，给予的前提是他已经拥有。父母给予孩子内心的配得感在亲子教育中是非常重要的。而孩子配得感的获得最重要的来源是父母本人拥有高的自我价值。

低自我价值的父母经常无意识中说出爱孩子的话，高自我价值的父母经常会说出造就孩子的话。

所以，提升自我价值才是关键。

心语：

从今天开始，

我要学会放下自己，

我要学会关照别人，

我要学会接纳别人所有的信念与价值观，

我要欣赏别人的独特性，

我要允许别人跟我不一样，

我要说让别人更有信心和力量的话。

30 这个世界上没有你想要的玫瑰园，真正的玫瑰园是需要你亲手去栽种的

这个世界上没有你想要的玫瑰园，真正的玫瑰园是需要你亲手去栽种的

这是我非常喜欢的一句话，献给各位。这句话让我能够主导自己的人生并变得更有力量。很多时候，我们会往外求，求机会、求环境、求别人的保证。我们会去找花、摘花，我们把所有的注意力都放在追求外在的事物上，然后消耗掉所有的精力，变得没有力量、无助、没希望，最后觉得自己不够好。

有些人是先找机会然后再创造价值，所以大部分的精力用于找机会。当机会来的时候他们还要看看有没有什么保证，再决定是否值得下定决心。但往往很难下定决心，因为不安全感总是在消耗他的精力，担心能否被保证付出了之后的得到。没法专注于价值积累，所以会不断地换机会、换环境，喜欢看到了再相信而不是相信了再看到，最后一事无成。

宇宙的法则是价值法则。股神巴菲特一生遵守价值法则，不管经历多少股灾他依然强大。乔丹只专注于篮球，商业价值自然而来。李娜只专注于网球，价值自然而来。孙杨只要能第一个游到终点，价值自然而来。这就是价值。

不用到处去寻找环境，如果不专注于自己的价值提升，没有一个环境会适合你。

你能够建多大的玫瑰园就看你能够创造什么样的价值，你拥有什么价值，能够吸引什么样的人来到你的身边。把力量交回给自己，没有完美的环境，没有完全安全的环境，没有无竞争的环境。与其去寻找这样的环境，还不如让自己去不断地累积价值，让自己成为大树，小鸟就会飞过来。

抵抗诱惑的能力是最难培养的能力。

你需要找到自己内心真正想成为的那个人而不是你要从事的职业。职业包含你在某家公司或某个平台的职位、安全保证、收入保证等，如果你只为这些而来，你只是一个谋生者，而不是事业者。事业者是关于自己想成为什么样的人，要对自己的选择负责，专注、不断提升自己，不断地学习成长，成为别人的依靠而不是别人的负担。

要栽种属于自己的玫瑰园，你要问清楚自己想过一个什么样的人生，你的玫瑰园里有什么样的人，你跟他们是否相同，你是否真正地喜欢他们。如果你想清楚了这些问题，那么你就可以出发了。不过，出发了之后要抵得住诱惑，要专注、坚持，不断去给予，建立你的情感银行，提升层次，设计好运，那么玫瑰园就容易建成了。

最后，请你看看你的电话通讯录里有哪些人。这就是你的环境，这就是你目前的生活状况。你的圈子就是你的玫瑰园。请你看看你的通讯录里有哪些人是活在生活的混沌状态中，有哪些人大部分的时间活在自爱中，又有哪些人大部分的时间活在他爱状态中。当你重新看到你的通讯录的时候，你就会知道原来你有很多跟他们相同的地方。天堂与地狱是比邻。同在地球村的每个人都活在不同的世界里，你的圈子就是你的世界。花开蜜蜂飞过来，花腐烂了苍蝇会飞过来。学会如何让自己的花开，从而去建成属于自己的玫瑰园。

心语：

我要栽种属于我的玫瑰园，

我要用我的正气来吸引正气，

我要用我的价值来吸引价值，

我要用我的幸福来吸引幸福。